Erwin und Hannelore • Das Tor zum Glück ins Blütenland der Liebe

Edition AVRA

ERWIN UND HANNELORE

Das Tor zum Glück ins Blütenland der Liebe

Bibliografische Information der Deutschen Nationalbibliothek
Die Deutsche Nationalbibliothek verzeichnet diese Publikation in der Deutschen Nationalbibliografie; detaillierte bibliografische Daten sind im Internet über http://dnb.d-nb.de abrufbar.

Rheinstraße 46, 12161 Berlin
Telefon: 0 30 / 76 69 99 0
www.frieling.de
ISBN (Print): 978-3-8280-3839-4
1. Auflage 2024
Bildquelle: pixabay

Printed in Germany

INHALT

Das Phänomen meiner Liebe

Des Geistes heil'ge Quelle,
Tut sich dabei auf,
Nimmt sodann ihren freien Lauf,
Nichts geht gar so auf die Schnelle,
Entflechten der Gedanken und Einsichten auch!

Es ist im Herzen und kommt aus dem Moment
Bis man seinen Sinn erkennt,
Es lässt sich niemals programmieren,
Man lässt es einfach frei gescheh'n,
Man lässt sich von dem Sinn verführen
Und niemals kann man dafür garantieren!

Dann aufräumen, umräumen, kombinieren,
Ordnung bringen in Ansätze und Ideen,
Bis der Sinn immer klarer wird,
Sich der Begriff herauskristallisiert,
Dann nach Inhalt und Reihenfolge zentralisiert
Das Ganze sieht man nie von Anbeginn!

Vorprogrammierte Erwartungen gibt es dabei nicht,
Denn niemand hat den Geist gepachtet
Doch langsam wird es ein Gedicht,
Wenn man auf den Sinn bloß achtet!

Doch auch geführt von dem Gefühl
Gewährt er dann von Zeit zu Zeit,
In Zusammenarbeit sein Geleit,
Im Sinne seiner Wahrheit,
Von Sehnsucht, Liebe, Freiheit!

Und Dein Dasein ist mein Antrieb,
Feuert mich natürlich himmlisch an,
Dass es für Unsere Zeit so bliebe,
Bist Du doch das Phänomen meiner Liebe!

Meines Lebens Sinn

Wann bin ich denn daheim?
...Wenn meine Gedanken bei Dir sind!

...Dann leben die Gefühle ungestört,
Die Phantasie ist beflügelt,
Die Sehnsucht übergroß
Und Dein Name lässt mich nicht mehr los!

Wenn Gefühle räumlich werden,
Getrieben werden vom Verlangen
Und sich der Sehnsucht beugen
So dass der Sehnsucht Schwingen
Die Erfüllung unsrer Zweisamkeit bringen

...Dann ist Alles möglich und nichts ist verloren,
Bist Du doch zu meiner Herzenskönigin auserkoren.
Ich gebe mich Dir hin
Und das ist meines Lebens Sinn!

Verliebt

Weil Du meine große Liebe bist,
Und auch mein Zuhause, mein Daheim,
Bist Du auch mein Schicksalsglück,
Drum freuen sich auch die Engelein,
Uns so glücklich anzusehen
Und stimmen mit, gemeinsam ein,
Tanzen und jubilieren,
Denn mein Sinn lässt sich von Dir verführen!

So wächst nun unser inn'res Glück,
In manch solchem Augenblick
Und prächtig leuchtet es empor
In der Englein Himmelschor!

So ist unsre Verliebtheit unsre schönste Zeit
Durch unsere Sinneszugehörigkeit,
Bringt unsterbliche Saiten in uns zum klingen,
Die uns die Englein auch aus tiefstem Herzen gönnen!

Die Gemeinsamkeit der Zuwendung weckt die Harmonie
Und Sehnsucht,
Weil sie uns süchtig nach einander macht.
Mein Herz, das Deinen Namen ruft!

Und Gott, die Harmonie der Liebe
Öffnet sich uns dann
In diesem Augenblick ganz nah,
Durch jedes Tages Liebe hergeneigt
Und würdigt unsere Liebe, die durch ihn gedeiht
In einem Schimmer seiner Ewigkeit!

So gesegnet, fördern wir die frohen Tage
im Zeichen der Beständigkeit
Verliebtsein in des Glückes Waage,
Umso schöner in verliebter Vorweihnachtszeit.
Verliebt in Glück und Harmonie!

Herzkämmerlein

In die Herzkämmerlein
Unsrer Glückszweisamkeit
Hat keiner Zutritt,
Außer uns beiden und nur zu zwei'n!

In einem wunderbaren Schrein,
Im milden Liebesschein
Gefühlssträuße reichlich zieren,
Zuwendungen verführen,
Die niemals vergehen,
Wo im Zentrum von unsrem Sein
In der Mitte unsrer Seelen
Wir beide steh'n,
In unsrer Mitte endlich daheim!

Voller Liebe reichlich
– Im unvergänglichen Zauber –
Sind sie so reinlich,
Extrem strahlend sauber,
Niemals kleinlich
Und so geläutert, ohne Narben
Werden sie niemals darben!

Harmonisch, euphorisch,
Geschmückt im Glücke und verzückt,
Steht der Wille in der Stille
In der Erfüllung seiner Sehnsucht ganz entrückt
Und im grenzenlosen Hoffen
steh'n ihm Alle Weiten offen!

AMEN!

Bekenntnisse

Ich lieb' Dich so sehr mein Schatz, ich bin so gern bei Dir!

Ich fühl' mich so daheim mit Dir!

Ohne Dich hätte das Leben für mich keinen Reiz!

Du bist für mich die Erfüllung meiner Tage!

Und immer, wenn meine Gedanken bei Dir sind, da bin ich ganz ausgeglichen und es geht mir gut!

Und dann bin ich auch bedürfnislos, denn allein schon Deine Gegenwart ist schon Therapie für mich!

Du bist mein Himmelsgeschenk mein Schatz!

Und ich liebe es so sehr, mit meinen Gedanken ständig bei Dir zu sein und einfach vor mich hin zu träumen und zu sinnieren!

Du bist in meinem Herzkämmerlein mein Schatz!

Und ich pflege Dich dort auch immer sehr oberlieb!

Ohne Deine Begleitung habe ich keine Lebensfreude!

Mit Dir gemeinsam ist immer alles ok, was es ohne Dich nicht wäre!

Mein ganzer Tagesschein kommt bloß von Dir zu mir!

Ohne Dich gibt es keinen Tagesschein!

Und, ebenso ist es in der Nacht,
ohne Dich kann ich mir die Nacht nicht vorstellen!

Also bist Du für mich die Abrundung meines Seins!

Oder die Ergänzung, welche die Erfüllung bringt!

Und wir beide sind zusammen wie eine Art Kuchen,
der allein bloß halb so gut schmeckt
(wenn er überhaupt noch schmeckt)

So ist das alles so ganz einfach und breitet sich vor mir aus!

Du bist meine garantierte Glücksvoraussetzung und Erfüllung!

Du bist mir unbeschreiblich teuer und die Antwort meiner
Sehnsucht!

Mein Schatzi, Du schmückst meine Gedanken
und weckst meine Phantasie!

Das hat doch alles um mich herum keinen Platz
und keinen Raum ohne Dich!

Weil Du mich erfüllst und mich ausstattest
und meine Sehnsucht weckst!

Deine Liebe ist meine Sehnsucht und Erfüllung!

Wenn uns jemand richtig sähe, so sähe er uns stets als Paar
und nicht getrennt!

Und das ist das Schöne, Wunderbare dabei,
die gegenseitige Ergänzung!

Unserer Liebe Seelenband

Wir lebten in so weiten Welten,
Doch das Schicksal hat sich wiedermal
Unsres Glücks erbarmt, wie selten!
Es kam mir kaum zum glauben,
Doch versucht' ich zu versteh'n,
Eine gewisse Treue muss das sein,
Denn feine Schwingungen der Zugehörigkeit
Kamen da von irgendwo daher,
Doch Du sagtest: Es war mehr!

Großes Chaos – schlechten Wein,
kann man nicht auf Dauer trinken,
– Der verätzt das Leben –
Harmonie ist Lieblichkeit – schon soviel mehr,
Ja, die verband uns sehr!
So ward es durch das, was wir uns gaben
Zu Perlen der Glückseligkeit
Und auch das Glück zur Wirklichkeit!

So erkannten wir des Lebens Tiefen,
Doch auch die ungeahnten Höh'n,
Durch sie konnten wir das Glück im Geist errichten,
Es wurde wahr, wir können's sehen!

Und unsres Schicksals Seelenband,
Wie von einer anderen Welt,
– Artverwandt dem Inner'n Freund –

Aus einem fernen, unbekannten Land,
War unzertrennbar,
Weil es uns verband,
Und machte dieses Wunder wahr,
...Hielt es doch unsrer Trennung stand,
Hat uns endlich auch wieder vereint!

Es ist schöner noch, als eine Blume,
Unvergänglich ist wohl seine Treue,
Unfassbar, wunderbar, unermesslich,
Unsichtbar, leuchtend in sich,
Verbindet es doch Dich und mich
Zeitlos, gestaltlos, formlos, für ewig!

Die Seelenbänder, die uns halten,
Können selbst Schicksale gestalten,
Ja lenken tun sie, steuern Fühlen,
Spielen einfach mit dem Willen,
Lassen heißlaufen – kühlen –
Unsre innere Stimme, erzählt von ihrem Walten...

Sie suchen, ohne im Leben viel zu hinterfragen,
jedoch besonders – sehr gezielt –
Können uns höchstens noch mehr einen,
Durch Gesinnung noch mehr schwellen,
Führen uns liebend von Mal zu Mal,
Schaukeln uns wie Meereswellen
...den Sonnenstrahl!

Ein Seelenband ist ein besonderer Schmuck!
Je stärker und öfter wir es bekräftigen,
Umso intensiver wird es sich mit uns beschäftigen,
Häuft Schätze in unseren Herzen, gleich
Dem Hause unsrer Seelen im Himmelreich!

Zum Verschenken, keine Zeit

Der neuen Zeit kommt immer mehr,
Massenweise einfach so daher,
Doch wir,
Haben doch schon ne ganze Weile,
Davon zu verlieren einfach keine mehr!

Kürzer wird des Lebens Weile...
Und unsere wenige Lebensbleibe,
Verliert sich in der Zeitenweite...

Der Rest nimmt ab,
Von unsrer Lebensscheibe,
Denn der Jahre Weile,
Sind passend kaum noch einer Zeile!

Afrika

Die Weite der Landschaft ist faszinierend,
die Einsamkeit und die Leere!
Die Leere ist im Buddhismus nämlich voll für den Geist!
In der Leere wird mein Herz voll, mein Schatz!

Leere und Weite sind Synonyme für den Geist.
Dieser beherbergt unsere Liebe.

Ich schreibe Dir aus dieser Leere heraus, mein Schatzi,
über unsere Liebe!
– Nur für Dich –

In dieser Leere, lebt mein Gefühl und mein Geist auf
– in unserer Liebe!

Ewig jung

Du bist meine Lebensfreude,
Meine Liebe, meine Leidenschaft,
Darum schrieb' ich Dir dieses Alles heute,
Hast Du mir doch das Glück gebracht,
– Das meine Liebe nie bereute –
Und unser neues Glück entfacht!

Und wenn man dieses alles streicht,
ist nichts mehr, was übrig bleibt,
Auch meine Leere, die ist plötzlich hin,
Bist Du doch meine Rettung, meines Lebens neuer Sinn
Und der Wunsch, der bleibt für Ewigkeit!

Es wurde meine Sehnsucht nach Dir wach,
Denn das macht Dir so leicht auch Keine nach!
Und mein Herz, das wurde schwach,
– Denn Alles hatt so schwer Gewicht –
So wandte sich mein Herz Dir zu,
Gefühle stiegen übersinnlich
Hoch, empor
Es kam, dass ich mein Herz an Dich verlor…
Und Dein Schein tritt draus hervor,
Er brachte wieder Licht in mein Gesicht,
Meine Seele fand so ihre Ruh!
– Darum lieb' ich Dich so überirdisch –

Es ist die Antwort Deiner Selbstverständlichkeit,
Sie berührt mich schon seit Anfang unserer Zeit
Und in der Hoffnung der Erinnerung,
Bleibt unsere Liebe ewig jung!

Unsere Liebe gab nie auf

Wie schlimm es auch war, so manches Jahr,
in dem langen Schicksalslauf
– und selbst wenn es auch schien,
dass sie den Schein verlor –
drang ihre ehrliche Natürlichkeit doch stets hervor
und bahnte sich den Weg ins Licht empor!

Selbst wenn die Sonne unterging
und der Schatten schwarz am Himmel hing,
da öffnete sich stets ihr Himmelstor
und unsere Liebe schien hervor!

...Und immer, wenn es anders schien,
– wenn der Umstand es heraufbeschwor –
dass sie scheinbar ihre Kontur verlor,
da kriegte sie es wieder hin,
denn ihre Ehre, die lief nie ins Leere,
Kontraste schuf sie unmittelbar
– nahm ehern ihren Trumpf als unsere Liebe wahr!

Lebende Bekenntnisse

„Mein Schatzi, es ist alles so schön mit Dir!
Du gibst meinem Leben einen Sinn!
Du machst mein Leben lebenswert!
So schön macht Leben Sinn!
Da waren wir mal wieder tapfer und relaxt, mein Schatz!
Und mal eine ganz andere Welt,
Ist auch schonmal was!
Und mit Dir macht das auch so einen Riesenspaß!“

„Ja, mein Schatz, und mit Dir
so einen Reisebericht anzuschauen,
ist wirklich sehr schön und er entführt uns
in eine andere Welt!“

„Ich bin sehr glücklich mit Dir in Deiner Gegenwart mein Schatz!
Wenn ich weiß, dass Du da bist, dann fehlt mir nichts!
Meine Seele ist im Gleichgewicht mit Dir, meine Geliebte!
Wärst Du neben mir, dann wär's mein absolutes Glück!
Könnte ich Dich nur berühren, dann wär's schon gut!
Mein Schatzi, ich fühl mich so wohl bei Dir!“

„Ja, es ist so schön, friedlich und gemütlich.
Es ist so schön mit Dir!“

„Man vergisst die Welt und plötzlich sind nur noch wir zwei!
Einfach und direkt, gemütlich kuschelig und wir uns nah!
Tat richtig gut!“

„So wie wir es uns wünschen.“

„Ja, die Welt war draußen und alles ok.
Und wir uns so nah!
Und nichts hat gefehlt!
Die Zeit war unser,
Der Augenblick, die Gegenwart und Du bei mir
Und ich bei Dir.
Schön, so zu relaxen!
Und ein Gläschen Wein, darf's auch mal sein!
Und die Welt ist ok!
Ich danke Dir für diese schönen Augenblicke!
Die gehören zu uns und wir zueinander.
So viel fehlt da nicht, sind wir beisammen, ist es Balsam,
da läuft die Zeit anders.
Unsere Augenblicke – unsere Zeit – unser Leben
– unser Glück!
Es ist einfach so gut mit Dir!
Das ist ein Paar!
Ich liebe diese Harmonie so sehr mit Dir!
Sie gleicht mich total aus!
Wir finden zu uns selber zurück
Und zueinander
Das ist schön!
– Ich liebe Dich um mich (also beisammen) –
Du weißt, ich bin bei Dir daheim!
Mit Dir, ja!

Und alleine bin ich nicht daheim,
Alleine mit mir selber.
Doch mit Dir, das ist glückliche Zweisamkeit
Und alles ist dann einfach gut!
Mein Schatzi, ich bin in Dich verliebt!"

„Mein Schatzi, es war heut so ein schöner Abend!"

„Ja, es war wunderbar und so wunderschön !"
Mild, leicht zum Traum und genießend verführend!
So war es!
Wir hatten wieder Glück, wie wir es uns wünschen!
In trauter Zweisamkeit
Es hat so gut getan, normal und schön!
Und einfach war es!
Inspirierend für das Gefühl und die Sehnsucht unserer Herzen!
Ich fühle mich so leicht mit Dir und unbeschwert –
Du tust mir so gut mein Schatz, mein Herz!
Ich liebe Dich so sehr!
Vielleicht gehen wir in die Kuschelheia!"

„Gutsnächtlikussi!"

„Mögen die Wahrheiten unserer Worte
stete lebendige Gegenwart darstellen,
Um nicht zu Erinnerungen zu werden!"

Die Krone

Für mich trägst Du eine Krone,
eine Krone, schön wie eine Sonne
und die Krone, meines Herzens Freiheit,
leuchtet meiner Seele voller Wonne,
denn vor der Sehnsucht, war ich ohne!

Die Krone erwacht erneut zu Unserer Zeit,
Du strahlst und glänzt in Deiner Seele Licht,
durch Deiner Seele Schönheit im Gesicht,
die Liebe ist im Gleichgewicht,
der innre Kranz, wird so zum äußren Schein,
die Liebe meiner Seele hüllt Dich ein
und die Schönheit von dem Kranz
schützt unsrer Seelen Liebesglanz!

Vom Liebessinn

Liebe ist viel mehr als Lust
Und Ego ist nicht mehr als Frust,
Zusammenhalt, Treue und Beistand
Sind, was das Ego alleine nicht zu finden verstand.

Das Ego, das nur die Lust an sich selber kennt,
Wie soll es sich ergänzen, wenn allein,
Das Ziel der Liebe ist das Paar, das sich ergänzt!
Egoismus ist der Liebe blanker Hohn,
der kennt nur Isolation!

Ist Einer da, der bloß allein, wo mag da die Liebe sein?
Bloß sie kann doch vom Joch der Einsamkeit befreien!
Ein Paar ist das erstrebenswerte Ziel,
Das sich der Liebe nicht entziehen will!

Einer allein erlebt das Glück nicht so wie zwei,
Und ohne Zwei, ist kein erfülltes Glück dabei!
Ja selbst im Tod, hat man in der gemeinsamen Zeit
Der Liebe nicht umsonst gelebt und nichts bereut!
Geteiltes Leid war halbes Leid!

Die Liebe vermag durch den geliebten Partner uns zu heilen,
Weil wir unsere Gefühle teilen,
Gemeinsame Freude und Erfüllung,
Ergeben das Glück der Selbstbestätigung!

Schwerkraft und Gnade

Unser beider Leben verlebt,
Doch wir tun das Wichtige,
Denn wir sind verliebt,
– Verkürzen beisammen
Die nicht gemeinsam verlebte Zeit –
Und tun genau das Richtige,
Denn unsre Liebe bleibt!

Einsamkeit,
Die wünsch ich Keinem und zu keiner Zeit,
Weil sie wie ein Gefängnis ist,
Abseits und im eigenen Leid
– Als Liebesentzug erlebt –
Vom Schicksal verlassen und bestraft,
Das keine Gnade walten lässt,
Der Seele, die um Gnade fleht!

Ich fühl mich hier bestraft und einsam,
Weil Du mir so sehr fehlst,
Denn wir sind eben nicht gemeinsam,
So frage ich das Schicksal dann,
Warum, was so viele Jahre dauern musste, kam!

Das Schicksal ist das härteste von dieser Welt,
– Man wird gar nicht danach gefragt –

Es kommt die Lage
Und der Tag,
Der Erlösung in dem Tod
– Schon wieder Strafe –
Und Keiner zeigt den Weg!

So irrt man rum und wird auch noch mit Alter
Bestraft und von der Zeit
Belegt mit derem Zufallsentscheid...

– Das ist Schwerkraft –
Und ihr Gegenteil ist Gnade
Und Schwerkraft findet das Leid nicht schade!

Schwerkraft und Gnade
Bestimmen unser Leben
Und „Zufall" entscheidet,
Welche gerade dieser Beiden
Angesagt ist und dann leitet!

...Und das Glück des Einen,
Weckt den Neid des Anderen,
So geht's dann los,
Bekannt als Egoismus!

Eine Spirale, so das Ganze,
Mal sehen, wer uns beiden
Unser Glück wohl gönnt,
– Einer, der die beiden Pole kennt –

Die Gnade des Schicksals
Schenkte uns wieder unser Glück,
Doch es zu verteidigen, das ist und bleibt ein Kunststück!

Sag mir, wie es gut ist und ich glaube Dir,
Geben wir der Schwerkraft keine Chance
– Und die Gnade bringt uns die Balance!

Darum fällt es mir so leicht,
– Und es kommt mir kaum zu glauben,
Es ist bald wieder soweit –
Und nur der Tod kann Dich mir rauben,
Nach diesen Ewigkeiten, meiner Einsamkeit!

Ich staune ständig drüber, ich kann es kaum noch fassen
Viele wollten Dich abhalten,
Du solltest es doch lieber lassen,
Doch Du hast Dich allen zum Hohne
Durchgesetzt und verdienst die Krone
Und nun sitzt Du voller Wonne,
Auf dem Liebesthrone,
In der Romantik unsrer Abendsonne!
Amen!

Magie

Die Sehnsucht wiegt so schwer, mein Herz,
Kennt sie doch wohl nur den Drang,
Und der Abschied kennt den Schmerz,
So wie der Sonnenuntergang.

Doch mein Herz zerfließt,
Vor Liebe, wenn Du bei mir bist,
Ist unsre Liebe doch Magie
Und Erfüllung, das bedeutet sie!

Das Leben,
Kann uns dic Träume nicht verwehren,
Die leben in der Seele tief verborgen,
Wohl behütet und abscits vom Weh und aller Sorgen!

Mögen Deine Tage wie ich sage,
Erfüllt sein mit Deinen Wünschen und Träumen,
Mögen sie in Erfüllung gehen,
Mögest Du glücklich sein, meine Geliebte,
Weil die Gnade unsrer Liebe siegte!
Mögest Du für ewig eingebettet sein
In den schützenden Schwingen
Des Wonnemonats Mai,
Die die Erfüllung unserer Träume bringen!

Mögen Dich stets die Winde
Der erfüllten Ewigkeiten streifen,
Die das Glück Deines Herzens begreifen,
Mögen Dich die Düfte der ew'gen Blüten begleiten
Und Dein Seelenglück für alle Zeiten!

Mögen des Schicksals Schwingen
Den Ausgleich mit sich bringen
Und das Herz genesen,
Vom Darben, das gewesen!

Mögen Liebende für Ewigkeiten
Die Zukunft unsrer Erde stets begleiten
Und den Weg des Friedens zubereiten,
Denn ohne der Liebe Wärme,
Führt kein Weg in die Sterne!

Von Anfang an

Das Schicksal wirkt bei Trennung härter
Als zusammen – beieinander und füreinander,
Und erst dann, wird es auch wieder leichter!

Manchmal weiß man nichts von seinem Glück
Und zum Anfang muss man dann zurück,
Um seinen Weg erneut zu finden
Und sich wieder glücklich binden.

Darum schmeißt man alles hin,
Was man glaubt, es sei verloren,
Doch dann kommt der Neubeginn
Und das neue Glück sodann geboren.

Unsere Zeit ist hart seit Anbeginn,
Unsere Zeit, die ist ein Schicksalsding!

Du: „Auch wenn es oft nicht einfach war,
Haben wir stets das Beste draus gemacht,
Haben es trotz Allem geschafft,
Uns immer irgendwie zu sehen,
Und war es bloß für eine Nacht!
Ich habe nie gedacht,
Dass ich mich noch einmal so verlieben könnte…“

Dass Du verliebt bist, ist ganz schön ergreifend
Und man kann es nicht verfehlen,
Da treffen wir uns plötzlich, am tiefsten Grunde unserer Seelen!

War es zu Zeiten auch mal spärlich,
Doch wenn ich Dich liebte,
War ich immer ehrlich
Und war unsre Liebe wieder neu,
War ich Dir auch wieder treu!

Zu Dir in Liebe zurückzufinden,
War es damals an der Zeit
Und ich hab's auch nie bereut!

Du glänzt an meinem Horizont,
Du hast mein Leben wieder schön gemacht,
Du hast mir mein Lebensglück wieder zurückgebracht,
Du bist mein Lebensstern, meine Liebe, meine Freude,
Ich bin mit Dir, bei Dir so gern!
Dort oben leuchtet wieder unser Schicksalsstern!
Und so steht es dort geschrieben:
„Unser Seelenfrieden ist geblieben!"

Die Antwort auf die Liebe

Hast Du mir stets gebracht,
Und hast mich durch unsere Liebe
Zum glücklichsten Menschen gemacht!

Das Wissen um unsere Liebe
Und dass sie ständig so bliebe,
Es hat mich stets befreit
Und wir sind ihr treu geblieben,
Ständig durch sie bereit.

Die Fügung unsrer Liebe,
Sie machte es uns leicht,
So haben wir in ihrem Gedenken
durch unsere Treue,
Uns ständig neu zu verschenken,
Ihre Krone nun erreicht
Und beleben sie ständig auf's Neue!

Liebesglück und -Leid

Das Tor der Liebe öffnete sich weit
– Abseits von Lärm und Hetze
Der heute so schnelllebigen Zeit –
Der Liebe, die unser ist,
Weil sie wahr,
– Sich selbst nicht überschreibt –
Und ihre Wurzeln nicht vergisst,
Unsere Liebe lebt und unsere Liebe bleibt!

Ich bin dir so dankbar für Deine Liebe!
Das macht Dir Keine nach!
– So wahr ich hier stehe –
Und wenn wir uns begegnen,
Dann lächeln wir uns zu, stets voller Liebe
– Und voll lieber Verrücktheit –
Und wir lächeln und weinen vor Glück
Und dies gehört zu uns und fühlt sich daheim
Und dieses Glück hat es eben auch deshalb verdient
Und dieses Wort ist auch unser gegenseitiges Versprechen!

Unser Glück hält sich die Waage
Und darum bist Du mein Glück
Und nur Du kannst es auch sein!
Darüber ist kein Zweifel erhaben!

Also haben wir das Problem gelöst mein Schatz!
Das Leid ist nur der Vorhang!
Da steh'n wir beide ehern dahinter
– Eng umschlungen –
Durch das Glück, welches wir uns haben verdient machen lassen
– Wir beide, meinte ich –

Dabei gönnen wir es doch gleich Allen,
So sind wir geschaffen,
Mögen sie es verstehen,
Wie einfach das alles ist,
Also wünschen wir es auch Allen gleichermaßen!

Vom Heiligen Geist

Die Rosen,
Sind das Gegenteil der Hoffnungslosen,
Deren Glück
Dann wie gewonnen
Im Banne der Zeit verronnen...

Das ewig Werden
– Dieses Auf und Ab auf Erden –
Ist ständig ungeschminkt,
So schön es auch beginnt,
Doch ewig in der Zeit verrinnt ...

Der Eine, der das Alles sieht
– Und der im Grunde nie vergeht –
Das ist der Große Heilig Geist,
Der Alles vom Anfang bis zum Ende weiß.

Er sieht sehr klar,
Was rein, was wahr,
– Was weit –
Was eng und streng –
Und manchmal steht die Zeit selbst still,
Doch nichts läuft nur so ab,
Wie er's nicht will!

So wird's auch stets im Treiben bleiben
– Es treibt dahin –
Und aus dem Eilen wird das Weilen
Und jeder fragt, wo ist der Sinn?

Selbst der Verstand,
Dem Geistes Land bekannt,
Wird es nie so ganz begreifen,
Die Zukunft rollt dahin
Und wird zur Gegenwart in einem flüchtig' Streifen...

Formen unserer Liebe in der Gnade des Schicksals

„Du bist das Gute in meinem Leben!
Du bist das Geschenk meines Lebens!
Du bist zu meinem Glück geworden!"

Wenn die gemeinsamen Augenblicke einem mit Glück gepflasterten Weg gleichen, der durch grandiose Landschaften zum endlos klaren Horizont verläuft: Dann ist es Liebe.
Abschied und Wiedersehen, zeitlose Momente und Höhenflüge, vollkommenes Glück in der Gnade des Schicksals. Es ist der Aufruf zweier Liebende, sich auf den Flügeln der Liebe tragen zu lassen.

68 Seiten • Paperback • EUR 12,90
ISBN 978-3-8280-3753-3

Wege und Farben unserer Liebe

„Du bist die erste Frau,
bei der ich ein Gefühl von Liebe erfuhr,
das ich mir schon immer so sehr erwünschte!"

Es ist die lyrische Liebeserklärung eines Mannes an seine große Liebe, seine Muße, seine Frau. Ein erfülltes Eheleben liegt hinter ihnen und doch liebt er sie so, wie am ersten Tag. Es sind ehrliche, herzerwärmende Gedichte und ein stiller Aufruf, sich in die Liebe zu verlieben.

72 Seiten • Paperback • EUR 12,90
ISBN 978-3-8280-3724-3